HEIKE BECKER
ANTJE DRESCHER

Wie geht das eigentlich mit Ebbe und Flut?

BOYENS

BOYENS
BUCHVERLAG

ISBN 978-3-8042-1382-1

9. Auflage 2025

Wulf-Isebrand-Platz 1-3
25746 Heide
buchverlag@boyens-medien.de

Printed in Europe

www.boyens-buchverlag.de

Ralf der Frosch macht Urlaub an der Nordsee. Er hat sich eine neue Badehose gekauft und seine Schwimmflügel eingepackt, und jetzt liegt er, dick mit Sonnenmilch eingecremt, im Strandkorb. Vor ihm glitzert das Meer im Sonnenlicht, ein Boot schaukelt gemütlich auf den Wellen, die Wellen schwappen gemächlich an den Strand, der Strand duftet nach Strand, und vom Himmel hört er die Möwen kreischen. „Du meine Güte, ist das schön", denkt er schläfrig, „das ist ja eine herrliche Ruhe. Vielleicht... nur kurz die Augen zumachen... für drei Minuten...", und schon ist er eingeschlafen. Vor ihm glitzert das Meer im Sonnenlicht, das Boot schaukelt gemütlich auf den Wellen, die Wellen schwappen gemächlich an den Strand, der Strand duftet nach Strand, und am Himmel kreischen die Möwen.

Als Ralf wieder aufwacht, ist die Sonne schon so weit herumgewandert, dass er fast komplett im Schatten liegt. Verschlafen lässt er seinen Blick über das Meer wandern... Moment mal! Wo ist denn, bitteschön, das Meer hin? Das war doch vorhin noch da! Ralf springt auf, läuft einmal um den Strandkorb herum und späht in alle Richtungen. Alles ist so wie vorhin bei seiner Ankunft. Fast alles.
Da hinten rechts ist immer noch die Surfschule, hinter ihm die Dünen, links der Kiosk, nur vorne, da, wo vorhin noch das Meer war, ist jetzt nichts. Nun ja, nichts kann man nicht sagen, da vorne flattert immer noch die Fahne, und das Boot ist auch noch da, nur, dass es jetzt nicht mehr schwimmt, sondern auf dem Boden liegt. „Merkwürdig", denkt Ralf, „da geh ich doch mal gucken."
Ralf steht da, wo eigentlich das Meer hingehört, und starrt auf den Horizont. Aha! Da hinten glitzert es! Das kann nur das Wasser sein!

Gerade, als er sich fragt, wie es wohl dort hingekommen sein mag, merkt er, dass sein Fuß sich bewegt, obwohl er seinen Fuß gar nicht bewegt. „Erstaunlich, diese Nordsee“, sagt Ralf zu sich selbst, „das Meer verschwindet mir nichts, dir nichts, der Boden bewegt sich, da bin ich ja gespannt, was hier noch alles passiert“, als unter ihm ein Schimpfen ertönt: „Mumpitz, der Boden bewegt sich! Hast du keine Augen im Kopf? Geh von mir runter!“

Erschrocken hüpft Ralf einen Schritt zurück. Vor ihm sitzt ein kleiner Krebs und hat drohend die Scheren erhoben. „Oh, Herr Krebs, das tut mir leid, ich hab Sie nicht gesehen“, entschuldigt sich Ralf. „Ha! Herr Krebs! Ich geb Dir gleich Herr Krebs! Eine Krabbe bin ich! Eine Strandkrabbe, genau genommen, und außerdem bin ich ein Mädchen, du alte Kröte!“ zetert die kleine Krabbe. „Ich bin keine Kröte, ich bin ein Frosch“, erwidert Ralf würdevoll, „das sieht man an meiner zarten Haut. Und dass Sie eine Krabbe sind und kein Krebs, das kann ja nun wirklich niemand erkennen. Krabben sehen nämlich ganz anders aus, das weiß ich, weil ich die heute morgen auf meinem Brötchen hatte. Außerdem sagte ich ja bereits, dass es mir leid tut.“

„Jaja, schon gut“, sagt die Krabbe griesgrämig. „Du bist in den Ferien hier, was? Merkt man. Das auf Deinem Brötchen heute Morgen waren in Wirklichkeit Garnelen, die werden hier nur Krabben genannt. Richtige Krabben sehen so aus wie ich. So hübsch und rund und mit anständigen Scheren. Ich bin übrigens Klara“, fügt sie versöhnlich hinzu, „Du kannst du zu mir sagen.“

„Oh“, sagt Ralf, „aha. Ich bin Ralf. Du kennst Dich hier aus, was? Dann weißt du bestimmt auch, was mit dem Meer passiert ist, oder? Das war nämlich vorhin noch da, und jetzt ist es weg. Und das kann ja eigentlich gar nicht sein.“ „Oh doch, mein Lieber, das kann sein“, sagt Klara etwas schnippisch, „das nennt man Ebbe. Und wenn das Wasser zurückkommt, heißt das Flut. Das haben wir hier zweimal am Tag, dass das Wasser weggeht und wiederkommt.“ „Ach“, entgegnet Ralf, „*das* sind Ebbe und Flut? Davon hab ich schon mal gehört. Hat das nicht was mit dem Mond zu tun? Wie *macht* der denn das?“

„Das kann ich Dir erklären“, sagt Klara. „Ist aber nicht einfach. Musst du gut aufpassen.“

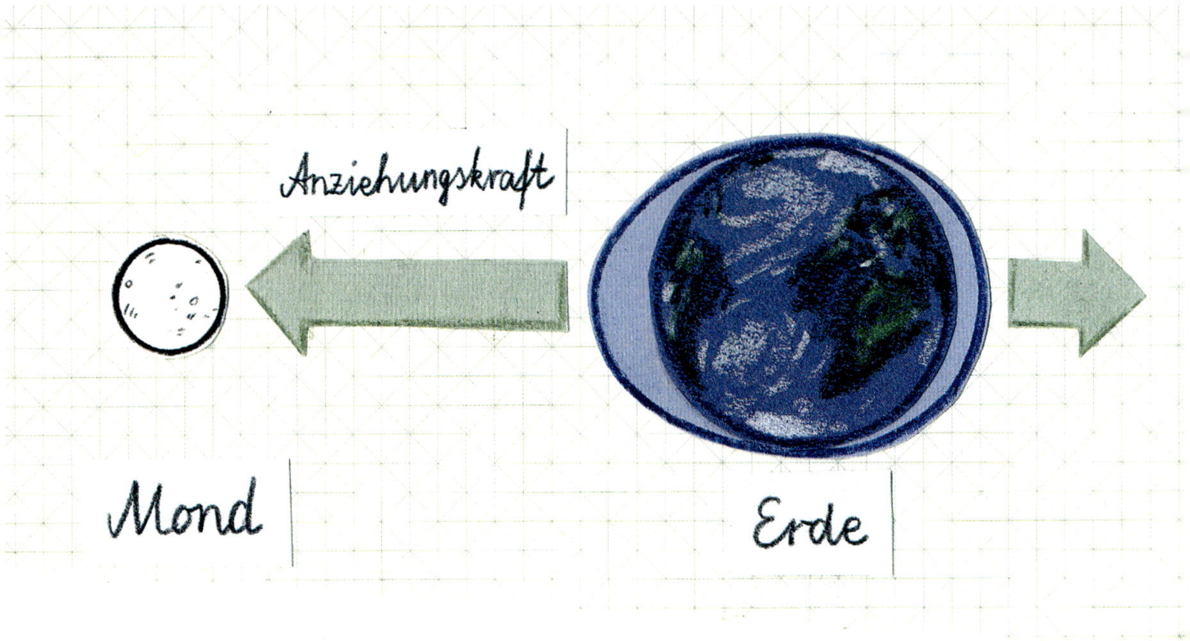

Klara zeichnet mit ihrer Schere zwei Kreise auf den Boden. „Das Große ist die Erde. Da sind wir. Und das Kleine daneben ist der Mond. Und der Mond will am liebsten das ganze Wasser haben, das auf der Erde ist."

Klara malt eine große Ausbeulung an die eine Seite der Erde und eine kleinere an die andere Seite. „Guck, hier auf der Seite, die zum Mond guckt, ist eine große Wasserbeule. Das zieht der Mond alles dahin. Die Erde will ihr Wasser aber lieber selbst behalten, deswegen zieht sie gegenan. Wie beim Tauziehen. Und hier auf der Seite, die vom Mond wegguckt, ist die Wasserbeule kleiner. Das liegt daran, dass der Mond da nicht so stark ist, weil er ja viel weiter weg davon ist, aber die Erde zieht vorsichtshalber immer noch gegenan."

„Aha“, sagt Ralf. „Na, das kann ich verstehen, dass der Mond das ganze Wasser haben will, Wasser hat ja jeder gern. Da kann man prima drin schwimmen, und ohne Wasser könnte man auch gar nicht das gute Wassereis mit Waldmeistergeschmack machen, und das wäre wirklich sehr schade, denn das ist so schick grün, genau wie ich, und du meine Güte! Die Krabben! Die Krabben, die ich auf meinem Brötchen hatte, wo würden die denn dann wohnen?“

„Genau“, stimmt Klara zu. „Ich selbst schwimme ja nicht, ich finde zu Fuß gehen sicherer, aber ich wohne schon auch gern an der Küste. Aber zurück zum Thema. Jetzt kommt nämlich die Sonne ins Spiel.“

Sonne
Halbmond
Nipptide

Klara malt noch einen Kreis auf den Boden. „Hier. Das ist die Sonne. Und die macht das gleiche wie der Mond, nur nicht so stark, weil die zwar viel größer ist als die Erde und der Mond, aber das nützt ihr nicht viel, weil sie wirklich sehr weit weg ist."

„Die macht hier und hier", Klara zeichnet auch an die beiden anderen Seiten der Erde Ausbeulungen, „auch noch Wasserbeulen. Die Beulen nennt man übrigens Flutberge. Die Sonne zieht nicht so doll, deswegen muss die Erde auch nicht so doll ziehen, und deswegen sind die Beulen kleiner als die, die der Mond macht. Und wenn wie hier an allen Seiten der Erde Flutberge sind", Klara erhebt eine Schere, rückt ihre Brille zurecht und sieht mächtig klug dabei aus, „nennt man das Nipptide. Das ist der Fall, wenn wir Halbmond haben. Dann ist an allen Enden der Erde ungefähr gleich viel Wasser, und deshalb ist bei Ebbe das Meer nicht so weit weg und bei Flut dafür nicht so weit da."

Flut!
Hochwasser
Ebbe
Niedrig
6h
6h

„Und übrigens, wo wir dabei sind, es ist nicht so, dass es Ebbe heißt, wenn das Wasser weg ist, und Flut, wenn das Wasser da ist. In Wirklichkeit ist Ebbe, solange das Wasser abläuft. Dann läuft es ab und ab und ab, und nach ungefähr sechs Stunden ist es fertig mit dem Ablaufen, dann ist Niedrigwasser. Dann kehrt es wieder um, und solange es zurückläuft, ist Flut. Auch ungefähr sechs Stunden lang. Und wenn es dann nach ein bisschen mehr als zwölf Stunden komplett wieder hier ist, dann ist wieder Hochwasser."

„So ist das also“, sagt Ralf. „Wenn der Mond nur halb da ist, kann er auch nur halb so gut ziehen, und dann fällt das alles nicht so auf, das ist ja logisch. Ist das an der Ostsee so? Da war ich nämlich auch schon mal in den Ferien, und da war das Wasser nie weg.“ Ralf legt nachdenklich die Stirn in Falten. „Aber das würde ja bedeuten, dass an der Ostsee immer Halbmond ist. Und das stimmt nicht, denn als ich da war, hab ich nachts in den Dünen gelegen, und da war ein riesengroßer Käsemond am Himmel, das weiß ich noch.“

„Über die Ostsee weiß ich nichts“, gibt Klara zu, „aber mein Opa hat mir erzählt, dass die da zwar auch Gezeiten haben, aber dass das nicht auffällt, weil die Ostsee viel zu klein ist. Das ist die Nordsee übrigens eigentlich auch. Aber“, Klara zeigt auf das Meer hinaus, „da hinten irgendwo ist die Nordsee zu Ende, und dann fängt gleich der Atlantik an, der ist riesengroß. Und weil im Atlantik furchtbar viel Wasser ist, viel mehr als in der Nordsee, gibt das eine schöne große Flutwelle, wenn der Mond daran zieht. Und diese Flutwelle schwappt bis hierher zu uns, deswegen haben wir hier richtig hübsch sichtbar Ebbe und Flut.“

„Ach“, sagt Ralf. „Und was ist, wenn Vollmond ist?“

Ostsee
Nordsee
Atlantik

„Wenn Vollmond ist, ist das so“, Klara deutet auf ihre Zeichnung. „Hier ist ja Halbmond. Die Sonne strahlt hier so hinüber, und dabei kann sie nur die eine Hälfte vom Mond hell machen, deshalb sehen wir nur den halben Mond.“

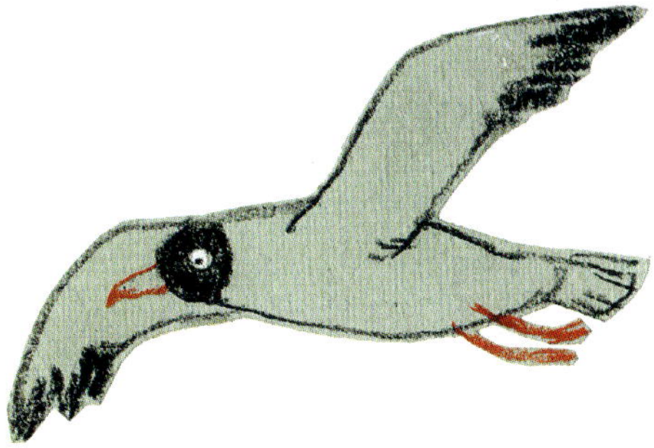

„Wenn jetzt aber die Sonne in einer Linie mit der Erde und dem Mond ist“, Klara verwischt ihre Zeichnung und malt einen großen, einen kleineren und einen noch kleineren Kreis in einer Reihe in den Sand, „guck, der größte Kreis hier ist wieder die Sonne, genau auf der anderen Seite von der Erde wie der Mond, dann ist Vollmond, da sehen wir den Mond schön rund.“

„Und hier", Klara wischt die Sonne auf der einen Seite weg und malt sie auf die andere Seite der Erde hinter den Mond, „hier ist der Mond von uns aus gar nicht zu sehen, weil die Sonne nur die hintere Seite vom Mond bescheint. Das nennt man Neumond. Und weil der Mond in Wirklichkeit immer da ist, ob wir ihn nun sehen oder nicht, kann er auch immer gleich stark am Wasser ziehen."

„Das ist ja verrückt", sagt Ralf. „Der Mond ist da, obwohl er gar nicht da ist, denn in Wirklichkeit sieht man ihn bloß nicht. Das ist ja wie vorhin, als sich mein Bein bewegt hat, obwohl ich mein Bein gar nicht bewegt hab, und in Wirklichkeit hab ich auf Dir gestanden, und du hast mein Bein bewegt! Lustig, was es alles gibt!" „Ja", entgegnet Klara säuerlich, „lustig. Willst du jetzt wissen, wie das geht mit Ebbe und Flut? Wir haben nämlich nicht den ganzen Tag Zeit, bald kommt nämlich das Wasser wieder, und dann ist bei mir Abendbrotzeit."

du meine Güte, denkt Ralf, die ist aber empfindlich und in Eile. Naja, vielleicht ist das hier ja so, wenn man ständig darauf achten muss, ob das Meer jetzt da oder weg ist.

„Na klar will ich das wissen“, sagt er. „Und wenn wir fertig sind, lade ich Dich auf ein Fischbrötchen ein, ja? Und sag mal, wenn Sonne, Mond und Erde im Dreieck stehen, ist ja Nipptide, das hab ich mir gemerkt, aber was macht das Wasser denn, wenn die drei in einer Reihe stehen, wie du's gerade gemalt hast?“

Klara zeichnet wieder Ausbeulungen an die Erde. Erst eine große auf der Seite, die zum Mond guckt, dann eine kleine auf die große drauf. Auf die andere Seite der Erde malt sie auch zwei Beulen aufeinander.
„So. Vorhin hab ich Dir ja erklärt, dass der Mond das ganze Wasser haben will und zu sich hin zieht, und die Sonne will das auch. Die Erde will das aber nicht und versucht deswegen, all ihr Wasser in die entgegengesetzte Richtung zu ziehen. Und jetzt nämlich, wo alle in einer Reihe stehen, ziehen Sonne und Mond zusammen in die eine Richtung, und die Erde zieht in die andere Richtung, und deshalb ist jetzt alles Wasser nur an diesen beiden Enden der Erde, und an den Seiten ist gar nichts mehr. Und das", Klara rückt wieder ihre Brille zurecht und sieht mächtig klug dabei aus, „nennt man Springtide. Dann ist das Niedrigwasser sehr niedrig und das Hochwasser sehr hoch, wenn auch noch der Wind aus der richtigen Richtung weht. Der muss aus Westen oder Nordwesten kommen, also daher, wo der Atlantik ist. Und das ist dann eine Sturmflut, da muss man aufpassen, dass man nicht weggespült wird."

„Ist aber auch schön, so stürmisch, ich mag das ja, mich mal durchpusten zu lassen. Dann kann man es sich danach zuhause kuschelig warm machen und einen Kakao trinken, das ist immer gemütlich im Herbst", sagt Klara versonnen. „Kakao mag ich auch gern", stimmt Ralf zu, „am liebsten mit Marshmallows drin, die ziehen so schöne Fäden."

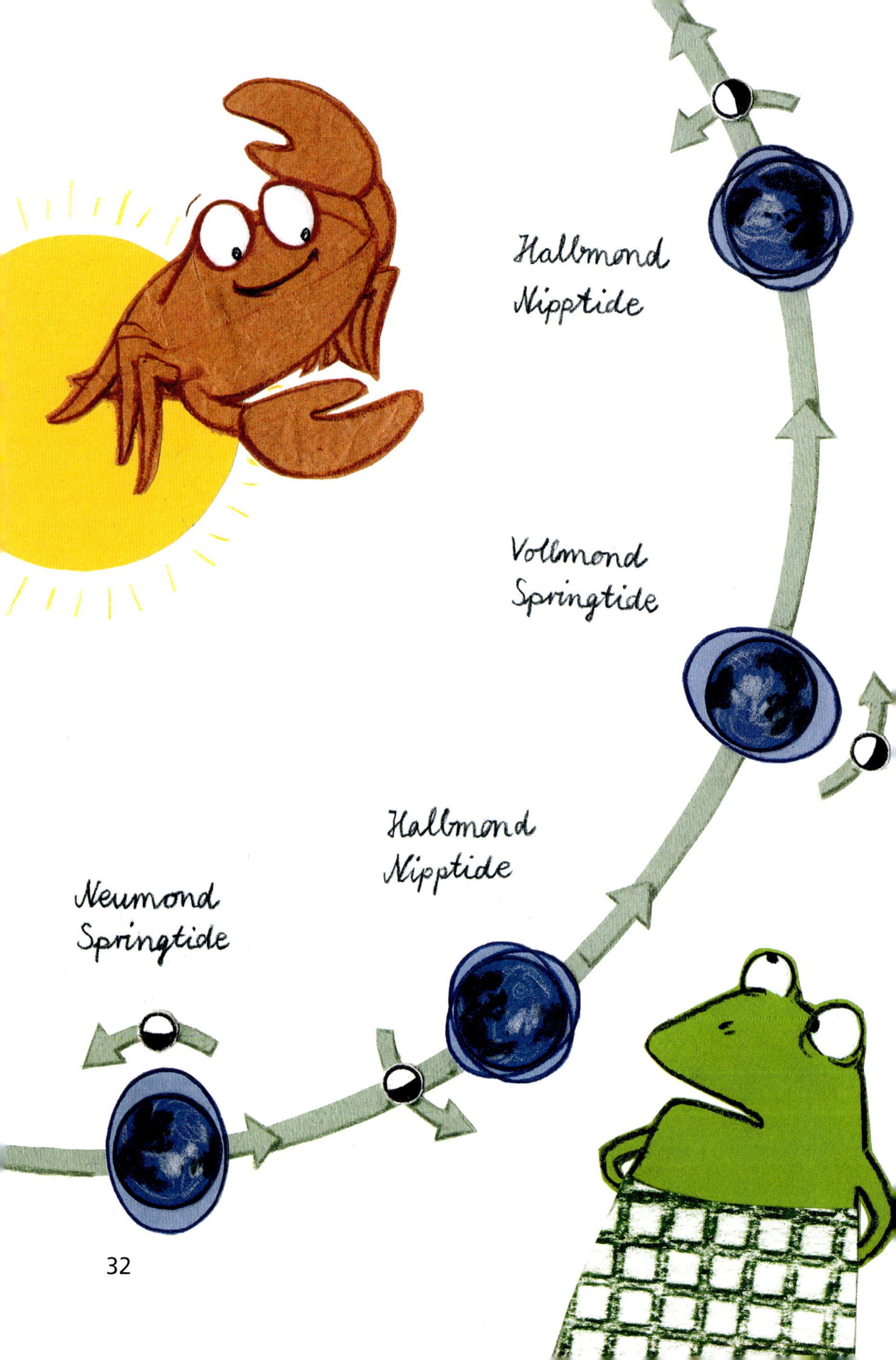
Halbmond
Nipptide
Vollmond
Springtide
Halbmond
Nipptide
Neumond
Springtide

„Aber sag mal, ich hab da gerade mal drüber nachgedacht, wie kann denn das sein, dass die Sonne und der Mond mal da und mal dort sind? Mir ist das vorhin schon aufgefallen: da hat die Sonne schön genau in meinen Strandkorb geschienen, und dann habe ich ein Nickerchen gemacht, und als ich wieder aufgewacht bin, war die Sonne plötzlich hinter meinem Strandkorb. Und ich hatte meinen Strandkorb nicht bewegt – konnte ich ja gar nicht, denn ich habe ja geschlafen – und das kann nur bedeuten, dass sich die Sonne bewegt hat." Klara nickt anerkennend. „Ah, sehr gut, ich sehe, du passt auf. Das ist nämlich folgendermaßen: Die Sonne bewegt sich gar nicht. Die Erde und der Mond bewegen sich. Die Sonne hängt hier so fest angebracht auf der einen Seite." Klara deutet wieder auf ihre Zeichnung, „Und der Mond dreht sich um die Erde, und die beiden zusammen drehen sich um die Sonne. Und als wäre das nicht genug, drehen die sich auch noch alle drei um sich selbst, ist das nicht super?"

Klara schüttelt begeistert ihre Scheren in der Luft. „Wenn wir bei Dir zu Hause wären, könnten wir das prima nachspielen! Dann bin ich der Mond, und du bist die Erde, und dann stellen wir eine Lampe auf, das ist die Sonne, und dann drehe ich mich um mich selbst und laufe dabei um Dich herum, und du drehst Dich auch um Dich selber, und dann drehen wir uns zusammen um die Sonne."

„Und bei der Gelegenheit kannst du auch gleich sehen, dass du mich mal ganz, mal halb, mal gar nicht siehst, und wenn wir das eine Weile gemacht haben, ist uns ganz duselig, und dann fallen wir um, ist das nicht lustig?" Klara strahlt Ralf begeistert an, der etwas verständnislos guckt, räuspert sich dann und rückt schon wieder ihre Brille zurecht.

„Ja. Also. Wo waren wir?" „Da, wo sich alle umeinander drehen und die Sonne und der Mond das Wasser immer mitnehmen", antwortet Ralf. „Aber sag mal, wenn das Wasser immer da ist, wo der Mond und die Sonne sind, und wenn die Erde sich jetzt aber auch immer mitdreht, wieso ist dann nicht immer an der gleichen Stelle Flut?"

„Das, mein lieber Ralf, ist eine hervorragende Frage. Das ist nämlich ganz verrückt. Man denkt ja immer, die Erde dreht sich mit allem Drum und Dran so in der Gegend herum, nicht wahr, aber so ist es gar nicht. In Wirklichkeit ist es nämlich so, dass das Wasser ganz lose auf der Erde drauf sitzt, und die Erde dreht sich darunter weg. Das ist ja auch so, wenn wir uns im Wasser um uns selbst drehen, da bleibt das Wasser ja auch nicht an uns kleben."

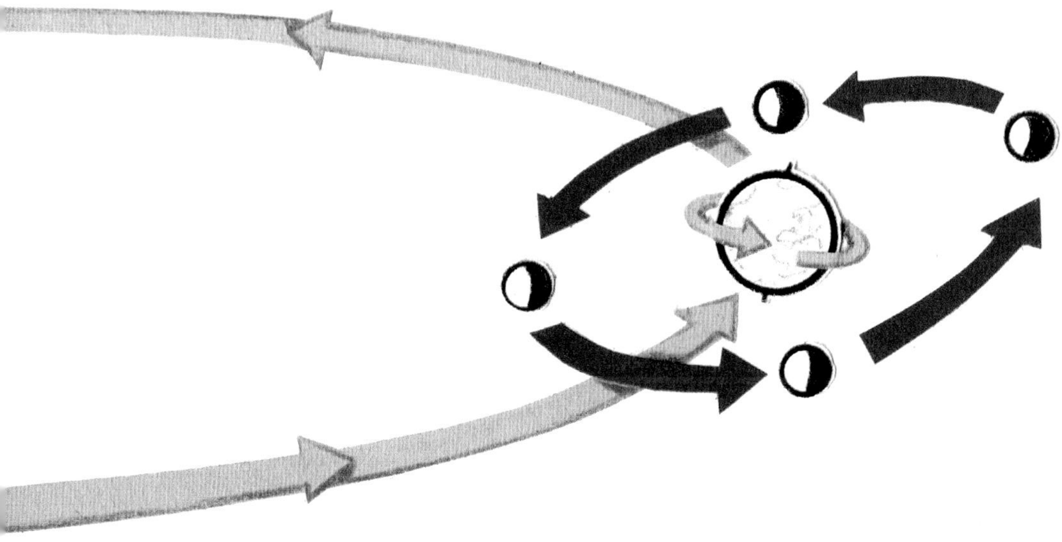

„Und weil das so ist, dreht sich die Erde immer durch die Flutberge durch, und hier zum Beispiel an dieser Stelle dreht sich die Erde mit uns darauf immer raus aus dem Flutberg, dann ist Ebbe, und wieder rein in den Flutberg, dann ist Flut. Und was tiefer liegt, wie der Meeresboden, wird überspült, und was höher liegt, das Land nämlich, bleibt im Trockenen. Eigentlich gar nicht so verrückt, wenn man darüber nachdenkt. Eigentlich ganz logisch. Naja. Oh. Guck mal, jetzt muss ich Dir noch schnell eine Sache erzählen, bevor das Wasser wieder da ist, die Priele laufen nämlich schon wieder voll."

„Der Mond und die Sonne sind nicht die einzigen, die am Wasser ziehen. Wenn man sich nämlich um sich selbst dreht, und das tut die Erde ja, dann wollen Dinge, die nicht besonders fest angebracht sind, wie das Wasser, wegfliegen."

„Oh! Das kann man auch prima ausprobieren! Pass auf, du fasst mich an den Scheren, und dann drehst du Dich ganz schnell im Kreis!“, ruft Klara aufgeregt. „Aber pass auf, dass du mich nicht loslässt, dann flieg ich nämlich weg, und wenn ich lande, tut das bestimmt weh, und außerdem bin ich dann weg, und dann können wir gleich kein Fischbrötchen essen!“

Ralf fasst Klara an den Scheren und fängt mit ausgestreckten Armen an, sich um sich selbst zu drehen, so dass Klara um ihn herumfliegt. „Wie beim Kettenkarussell, toll, oder?“, jubelt Klara. „Du bist die Erde, und ich bin das Wasser, das wegfliegen will! Und wenn du jetzt die Arme anziehst, dann kann ich nicht so weit weg, das ist wie mit der Erde, die gegenan zieht!“ Ralf versucht mit aller Kraft, Klara näher zu sich zu ziehen, während er sich weiter im Kreis dreht. „Ich kann nicht mehr!“, ächzt er, „reicht das nicht langsam?“ „Nur noch ein bisschen, das macht Spaß!“, kräht Klara, als Ralf stolpert, hinten überkippt und Klara und er verknäuelt über den Boden kullern.

„Puh, das war anstrengend. Und ganz schwindelig ist mir auch", japst Ralf, platt auf dem Rücken liegend. „Da hat die Erde ja ganz schön was zu tun, was?" „Aua", stöhnt Klara, „ich glaub, ich hab mir ein Bein verstaucht. Und ich kann gar nicht gucken. Wo ist meine Brille? Kannst du sehen, wo meine Brille ist?" Ralf setzt sich auf und sieht Klaras Brille ein paar Meter weiter auf dem Boden liegen. Noch etwas schwankend holt er sie und bricht wieder neben Klara zusammen. „Danke", sagt Klara, „das war lustig, oder? Und du weißt jetzt alles über die Gezeiten, was ich auch weiß. Komm, wir verpusten noch ein wenig."
Schnaufend liegen die beiden am Strand und betrachten das auflaufende Wasser. „Ja, ich glaub, ich hab verstanden, wie das geht", sagt Ralf, nachdem er noch ein Weilchen darüber nachgedacht hat, „und jetzt hab ich Hunger. Komm, wir gehen ein Fischbrötchen essen."

Fischbrötchen
mmmh!
fisch

Heike Becker wurde 1972 geboren und wuchs in Schleswig-Holstein auf. Nach dem Abitur machte sie eine Ausbildung zur Buchhändlerin und ist seither, mit Abstechern nach England, Italien und an die Universität, in ihrem Beruf tätig. 2010 arbeitete sie eine Sommersaison lang auf Föhr, wo die Idee zu diesem Projekt entstand. Heike Becker lebt und arbeitet in Hamburg.